창의인문학교

미래인재를 키우는 기독교 창의성경교육

창의성, 창세기에게 묻다!

창세기의 10가지 스토리텔링으로 **통찰력**을 끄집어내라!

창의적으로 사고하고 **행(行)**하는 믿음이 생성될 것이다.

To.

From.

Your word is a lamp to my feet and a light for my path. - Psalm 119:105

<창의성, 창세기에게 묻다> 서평

*배성현 / 남서울교회 목사

 이 책은 하나님 말씀을 기초로 하여 우리의 창의력을 동원함으로 하나님을 높이고 행복을 누리게 해주는 탁월한 도구입니다. 나아가 성경을 더 가까이 가게 만들어주는 길잡이가 될 것입니다. 선교현장에서 창의성을 끄집어내는 저자의 열정과 은사를 직접 보았기에 저는 이 책이 그의 재능과 통찰력이 잘 어우러진 결과라고 확신합니다. 모쪼록 하나님 나라의 확장과 영혼을 살리는 일에 귀하게 쓰임받기를 기도드립니다.

* 오용록 / 남서울교회 장로

 창의성경교재로 인해 많은 어린 영혼이 바르고 정직하게 성장하기를 소망하며 말씀을 통해 발휘되는 창의성 교육을 배우는 청소년들의 마음이 회복되며 치유되어 하나님의 자녀로 성장하는 도구가 되기를 기대합니다.

*곽연수(펀드매니저) / 남서울교회 집사

 열정과 감동으로 준비한 창의성경교재가 하나님의 사역에 도구로 사용되어지기를 기대합니다.

*김현우(한양대학교 교수) / 남서울교회 집사

기존 교회의 성경교육방법과는 차별화된 창의적인 방식을 제시하였으며 하나님의 창조와 무한하신 능력을 체험하는 흥미진진한 교육법을 다룬 교재이다.

*박준렬(세종대 디지털콘텐츠학과) / 남서울교회 청년

선교지에서 겪는 어려움이 있는데 가장 큰 문제가 소통과 공감이 아닐까 생각된다. 실제 선교지에서 선교대상이 되는 대상들이 아이들과 젊은 층이고 선교지에 가는 이들은 소수의 청년과 다수의 장년들이기 때문에 세대간의 소통도 어려움을 느낄 수도 있고, 무엇보다도 언어사용에 있어 큰 어려움을 느낀다. 장기선교사로 파송 받으면 2년간은 현지 문화와 언어습득을 위해 시간을 보낸다고 하는데 언어에서 자유로움을 느끼기란 쉽지 않다. 영어가 공용어로 되어있는 선교지이라 할지라도 유창한 영어를 사용하는 사람은 드물고 도움이 필요한 가난한 사람들은 교육수준이 낮아 영어를 거의 알지 못한다. 이러한 언어의 장벽을 넘을 도구가 그림과 노래이다. 특히 외국인을 낯설게 여기는 어린 아이들에게 효과적으로 작용한다. 실제 몽골선교 때에 아이들과 함께 그림을 그리며 표현하는 활동으로 형성된 공감대가 다음날 새로운 친구들을 데려오는 일들이 일어났다. 처음 본 낯선 우리들에게 먼저 다가오는 모습을 보였다.

창의적 성경교제는 소통이 필요한 선교지에서 강력한 힘을 발휘할 수 있다. 선교지에서 타문화권의 사람들과 공감하고 소통하는데 중요한 매개체가 된다. 만약 선교지에서 처음 만나는 사람들에게 전도하는 프로그램이나 친구 사귀는 프로그램이 있다면 이런 창의적 성경교제를 이용해도 좋을 것이다.

* 이종혁 / 워싱턴 주립대 컴퓨터 공학1년

한국 주입식 교육에 열정을 잃은 학교를 떠나 다양한 시각과 방법을 통하여 배움을 얻고자 미국 유학길에 오른 학생으로서, 이 창의교육이라는 교육과정을 들었을 때는 궁금하기도 하면서도 과연 얼마나 기존의 한국교육 방법에서 벗어날 수 있었을까 라는 의문을 가졌다.

미국 시애틀이라는 땅에서 짧게나마 창의코칭을 개발한 장태규 대표님과 시간을 보내면서 제가 친하게 알고 지내던 몇몇 학교친구들과 함께 창의코칭을 받을 수 있는 기회는 행운이었다. 제 친구들 또한 창의 교육이 어떤 건지 전혀 모른 체 반신반의 하는 마음으로 참여했다.

하지만 창의그림 그리기, 스토리텔링 등등 다양한 방법으로 우리들의 무의식적 사고를 시각화하고 또 그 시각화된 생각들을 구체화된 이야기 등으로 재해석하고 또 저희들의 생각 과정들을 다시 고찰하면서 기존에 오랫동안 알고 지내던 친구들의 새로운 면을 볼 수 있게 되었고. 또한 제 자신에게서도 제가 어떠한 방식으로 생각하고 사고하는지 알 수 있는 기회가 되었다. 이 교육방식은 새로운 정보를 터득하기 보다는 자기 자신을 고찰함으로서 기존에 있던 정보들을 활용하고 다양한 시각으로 바라볼 수 있는 눈을 길러주는 교육이었다.

창의 교육은 기존에 학생들을 진저리 치게 했던 주입식 교육 즉 자기에 생각이나 판단이 없이 정보만 받아들이는 교육 방법에서 벗어나, 오늘날 한국 사회 속에서 필요한 학생들 스스로 사고하고 고민하고 또 공부에 목적과 이유를 분명이 정리하는 방법들을 체계적으로 계획하도록 도와줄 있는 교육 방식이라 기대된다.

* 권일남 / 명지대학교 청소년지도학과 교수

21세기는 창의성과 아이디어의 시대라고 말한다. 남과 다르게 생각하고 표현하며 고정관념과 편견에서 벗어나 자유롭고 새롭게 생각을 하되 실행과 실천을 하는 능력을 요한다.

하지만 창의적 사고는 단순히 만들어지지 않는다. 수직적 사고에서 수평적 사고로 전환하는 노력과 자세가 있어야 한다. 단지 생각을 바꾸겠다는 수준을 벗어나 남보다 빠르게 지각하고 변화를 주도하려는 노력을 해야 한다. 그런데 작금의 너무 많은 창의성을 발현해야 하는 서적들로 인해 창의적이지 못한 자신의 모습에 자괴감을 갖게 되는지도 모른다. 그래서 창의성을 가져야 함은 새로움보다는 쉬운 방법으로 모방을 강조하고 결과의 정당성을 당연시 하도록 하며, 미래지향적인 사고나 생각을 구현하는 창의성은 일정한 원칙과 규정속에서 인간다운 삶을 구현하도록 최적화하는 것이어야 한다.

하지만 아무리 창의적이라고 해도 아무것도 없는 암흑속에서 세상을 만드신 하나님의 창의성에 비견할 수 없다. 세상을 창조하시고 인간의 삶을 위해 모든 것을 내어 주신 성경말씀은 우리에게 커다란 시사점을 준다.

과학이라는 이름으로, 발명이라는 이름으로 창의성의 단면만을 바라보고 있지만 인간존중을 위해 독생자 예수를 보내어 인간의 원죄를 구원하신 하나님의 혁신적 사고를 보고 있노라면 오늘 이 시대를 살아가는 우리가 무엇을 위해서 살아가야 하는지의 이유를 잘 설명해 준다. 그래서 창의성을 아마도 성경을 통해서 발견해 보려는 시도는 누구도 생각해내지 못한 혁신적 관점의 전환을 하고 있는 셈이다.

창의성을 창세기를 통해서 묻고자 하는 장태규대표의 책을 보면서 창의적 사고의 한 축을 성경에서 찾으려는 노력이야말로 창의적 시도의 본질로 느껴진다. 이는 성경에 대한 새로운 재발견이자 창의성에 대한 발상의 전환을 깨닫게 해 주는 획기적 기획력으로 판단된다.

하나님이 만드신 세상을 통해 창의적 지혜를 얻는 독자는 변화를 이루되 참된 인성과 혁신성을 깨닫는 중요한 계기가 될 것이다.

창의성이 먼 곳에 있는 것이 아니라 실생활, 가장 가까운 곳에서, 가장 많이 읽히고 있는 성경을 통해서 발산적 사고, 수평적 사고를 발견하도록 했다는 점에서 21세기 인재가 될 수 있는 길을 발견하는 멋진 책이다.

* 구용남 / 삼성리더십센터 이사

하나님의 말씀은 살아있고 활력이 있어 좌우에 날선 어떤 검보다도 예리하여 혼과 영과 및 관절과 골수를 찔러 쪼개기까지 하며 또 마음의 생각과 뜻을 판단하나니(히 4:12)

창세기 말씀을 새로운 관점에서 묵상하고 삶에 적용할뿐 아니라, 나아가 전도의 도구, 선교의 도구로 활발하게 사용될 것을 기대합니다

이 책은 청소년들의 인성과 창의성을 동시에 배울 수 있는 경험을 제공한다. 오랫동안 한국 청소년들에 대한 활동을 연구해온 교육자로서 학교나 교육현장에서 아동, 청소년들을 위해 독창적인 방법으로 역량을 높이는 교육들을 만나는 것을 즐거운 일이다. 저자는 청소년기에 필요한 갈등조절, 문제해결, 리더십, 성취동기 등의 역량들을 효과적으로 이해하고 습득하도록 도와주는 창의사고방법을 성경의 창세기내용과 창의매체를 연결함으로써 일반적으로 알고 있는 이야기이지만 깊이 있게 사고할 수 있는 장점을 잘 살려 쉽게 접근할 수 있도록 풀어낸 것이 흥미롭다. 그런 측면에서 미션스쿨의 방과 후 교육이나 교회내의 청년 및 교사들의 사고역량을 높이는 교육활동으로 지혜를 얻는 기쁨을 제공할 것이다.

만약 창의적인 인재가 되기를 원한다면 혹은 깊이 있는 본질사고를 어떻게 끄집어내는지에 대해 궁금하다면 이 책을 읽고 교육받기를 권한다. 이 책은 아동, 청소년 및 부모들에게 올바른 리더십을 세워줄 수 있는 내용으로 읽는 이들에게 조화로운 사고와 믿음을 성장시키는 신앙교재로써 호기심을 유발시키며 흥미로운 교육과정을 제공한다. 어려운 성경을 쉽게 배우고 습득할 수 있는 4가지의 경험들이 깊은 본질 사고를 경험하게 하며 창세기에 나오는 비유와 깊이 있는 언어들을 잘 정리하고 그것이 일상에서 무엇을 말하는지 묵상하는 훈련들로 미래의 인재가 되는 데에 꼭 필요한 길잡이가 될 것이다.

들어가며   믿음의 소통을 성장시키는 창의성를 찾아라!

다가올 미래에 아동, 청소년에게 가장 필요한 것, 두 가지가 있다면 그것은 리더십과 창의성이다. 어릴 적부터 누구나 이 두 가지 역량은 갖고 태어나지만 성장하면서 소멸되거나 장점을 살리지 못하는 경우가 많다. 지금의 한국 교육현장에서 좀 더 집중해야할 부분이라 생각한다.

아이펀 창의교육센터에서는 그동안 다양한 아동, 청소년에게 창의교육을 제공하면서 반복된 경험을 바탕으로 만들어진 많은 결과물들을 분석하였다. 여러 상황속에서 표현된 아동 및 청소년들의 사고패턴을 인지하게 되었으며 그것을 독서에 접목시켜 좀 더 재미있고 쉽게 인문고전(논어, 손자병법, 성경 등)을 접하고 읽을 수 있는 방법을 알게 되었다.

본 교재는 여러 해 많은 사람들(아동, 청소년, 직장인, 교사, 학부모 등)과 함께 경험한 인문독서코칭 및 창의교육방법을 성경에 접목시킨 내용이다. 출판이후 교회 내(內) 아동, 청소년들을 가르치는 교사와 선교사(예비 선교사)들을 위한 교재가 될 것이다.

창세기의 내용들을 10개의 이야기로 나누고 핵심단어를 선정하였다. 이를 그동안 진행된 창의교육의 활용매체에 융합하여 창세기를 다양한 관점으로 재미있게 읽는 수 있도록 알려주는 데 중점을 두었다.

요즘은 독서를 하면서 글이 뜻하는 의미를 깊게 이해를 하지 못하는 청소년들이 많다. 글의 본질과 느낌을 통해 직감을 높이는 훈련들이 깊이 있는 독서를 가능하게 해주는 주요역량임을 우리는 알고 있다. 본 교재를 통해 반복된 훈련을 한다면 성경말씀을 더 깊이 있게 묵상하는 방법을 알게 될 것이다.

또한 세계선교를 위해 교회 내(內)에서 활동하는 교사와 국, 내외 선교사들이 하나님을 알리기 위해 준비하는 지침서와 소통도구로 활용되기를 기대한다.

교재의 활용성은 현재 전국의 교회와 선교단체 및 아버지학교와 어머니학교 등 아동에서 청소년 및 부모에 이르기까지 성경을 쉽게 이해하고 다가가기위한 목적으로 활용될 것이다. 누구나 배우고 바로 활용할 수 있는 4단계의 독서방법을 제공하며 성경의 창세기 내용과 이솝우화의 내용을 융합하여 토론하고 글을 쓰며 그림으로 그려보는 형태로 진행된다.

미래인재를 키우는 기독교 창의성경교재를 통해 교육이 진행되는 과정 속에 8가지의 역량변화들로 체크할 수 있는 이론을 제시하였으며 이것은 교육이 진행되면서 어떤 변화를 갖게 되고 믿음으로 연결되어 성장하는지 체크할 수 있는 좋은 기준(창의S이론)이 될 것이다.

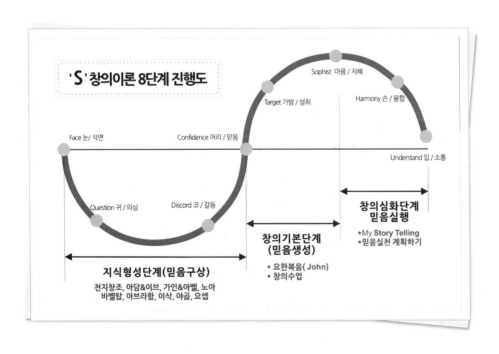

[창의 S이론 8단계]

[1단계 직면단계 / 눈]
익숙해진 고정관념에서 자신의 문제를 정확히 바라보지 않고 회피하는 단계

[2단계 의심단계 / 귀]
책속에 정보만 신뢰하여 주변에서 하는 말을 듣는 것에 균형을 잃어 원활한 소통활동에 장애를 갖게 되는 단계

[3단계 갈등단계 / 코]
자기중심성으로 바라보는 문제들이 본질을 왜곡시켜 시각적으로 갈등을 겪는 단계

[4단계 믿음단계 / 머리]
지식과 지혜가 균형을 형성하여 최고의 대인관계를 형성하는 단계

[5단계 성취단계 / 마음]
다양한 분야에 관점과 호기심들이 목표의 명확성을 갖고 현실로 드러나는 단계

[6단계 지혜단계 / 손]
조화로운 사고와 감정과 의지로 독창적 사고가 생겨 일상의 믿음에 나타나는 단계

[7단계 융합단계 / 발]
여러 상황의 갈등을 분석하고 해결하는 통합적 사고능력이 습득되고 실행하는 단계

[8단계 소통단계 / 입]
공동체를 배려하는 언어선택으로 누구와도 쉽게 대화하며 지식을 소통하는 단계

창세기의 성경말씀 안에서 만들어내는 스토리텔링은 단순한 메시지들이지만 강력한 자기성찰과 깊이 있는 묵상을 통해 신앙의 정체성을 찾게 하고 일상의 삶속에서 믿음을 실천하는 그리스도인으로써 양육되고 훈련받을 수 있도록 도와주는 연결고리가 있다.

하나님께서 거저주신 창의교육의 달란트를 복음사역의 도구로 쓸 수 있게 되어 기쁘게 생각하며 교재의 판매기금은 하나님을 알지 못하는 전 세계의 아이들에게 복음을 전하는 교재제작 및 선교사 교육사역에 쓰여 질 것이다.

 그동안 나는 여러 나라의 최빈국(몽골, 캄보디아, 필리핀, 인도)에 단기선교를 다녀오면서 하나님을 알지 못하는 아이들과 청년들에게 창의교육을 통해 성경이야기를 전해왔다. 가슴 뜨겁게 하나님의 사랑을 표현하던 최빈국 청년들의 순수하고 온전한 믿음을 보며 하나님이 명하신 복음사역을 위해 세상으로 나가야겠다는 결심을 하였다.

 본 교재가 만들어지기까지 물심양면으로 기도해주신 남서울교회의 배성현목사, 김영환장로, 오용록장로, 김충규장로, 몽골단기 선교팀원 17명, Sam Lee 선교사, 크레아티오 창의인문학교 인문독서회원, 명지대학교 권일남교수, 대산교회 이경호목사외 교육참여 성도 등 많은 분들에게 감사를 드린다.

크레아티오 창의인문학교
대표 장 태 규

CONTENTS

CONTENTS

제3부 창세기 창의성경교육 스토리

창의성경교육 천지창조 체험수업 　대산교회

* 일시 : 2015년 1월 7일/14일/21일/28일 수요일 오후 7시~9시
* 장소 : 대산교회(부천 위치 개척3년, 성도 30명 개척교회)
* 대상 : 목사, 전도사, 권사, 집사 교회의 핵심성도 8명 참여
* 내용 : 1주 천지창조로 스토리텔링 만들기 The creation story
　　　　2주 이솝우화로 사고비틀기　Aesop's Fables
　　　　3주 창의적인 자기글쓰기 Write for Column
　　　　4주 동작과 이미지로 '빛' 창의수업 Creativity class

천자창조를 그림으로 표현하고 이야기하기

한주간의 일상을 그림으로 그려 마음을 푸는 시간

매주 수업이 시작되기 전에
친밀감 형성 프로그램으로
STP(Story Telling Paper)카드를
작성해 봅니다.

1인이 1장~3장까지 작성할 수 있으며
지난 한주간에 있었던 일들중에
기억이 나는 이슈나 사건,
혹은 즐거웠던 일들을 그리고
표현하게 한 이후에 나누는 시간이다.

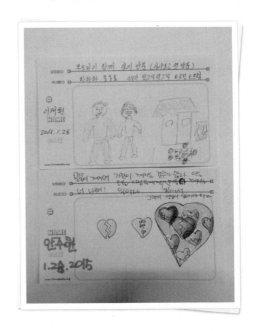

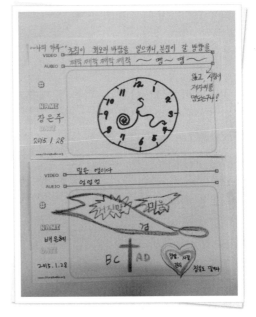

성경창의교육 천지창조 3주차 [컬럼쓰기]

안주현 / 대산교회 집사

땅이 혼돈하고 공허하며 흑암이 깊음 위에 있고
하나님의 영이 수면에 운행하시니라.

하나님은 천지를 말씀으로 창조하셨다.
자신의 형상대로 사람을 창조하시고 그들에게 복을 주시며
생육하여 번성하기 원하셨고 그래서 땅에 충만하여
땅을 정복하고 움직이는 모든 생물을 다스리라 명하셨다.

나는 평생을 자각하든 자각하지 못하든
혼돈과 공허, 흑암 속에 살아왔다.
하지만 느끼든 느끼지 못했든 말이다.
근래에는 하나님이 나의 주위에 운행하고 계심을 깨닫는다.
몇 가지 일로는 가끔 운행하고 계셨음을 알려주시기도 하는 것 같다.
지나고 나면 깨닫는 일이지만.

이번에도 일주일전 살짝 나의 주위를 운행하시다가 물방울을 톡하고 떨어뜨려
나의 주위를 맑게 해주셨다.
가끔 하나님의 그런 유머러스한 행동에
세상을 그렇게 심각하게 살 것이 아닌 것은 아닐까? 생각해본다.
생각의 전환, 생각의 관점을 살짝 비틀어보면 혼자 훌쩍 미소짓는 일들이 곳곳에서 나타
난다. 나는 그런 하나님이 좋다.

지금도 여러 어둠속에서 일어나는 일들을 보게하시고 듣게하시고
그들의 아픔을 공감하게 하신다. 그래서 기도드리고 싶어 새벽을 기다린다.
하나님께서는 어떤 방법인지는 아직 모르지만
내가 어둠을 정복하고 그 어둠을 다스리기 원하시는 것 같다.
왜냐하면 우리 모두가 행복해지기를 원하시기 때문이다.

성경창의교육 천지창조 4주차 "빛" 체험수업

창의성경 교육의 마지막 수업은
창세기 천지창조의 이야기중에
중심주제를 빛(light)로 체험해보는
창의체험 수업이다.

신체의 그림자와 움직임을
그림으로 표현하고 그림을 통해
서로의 생각을 일상의 믿음 생활과
연결하여 이야기하는 수업이다.

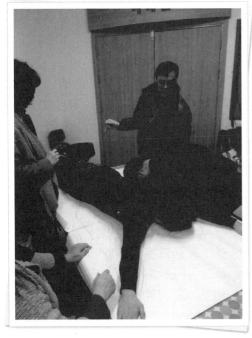

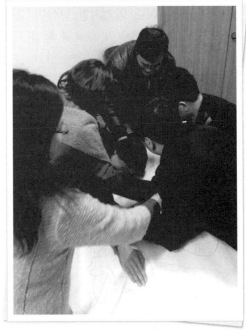

성경 창의교육 천지창조 수업을 마치며....

개척교회나 선교단체 및 교회 내(內)에 성경교육에 도움이 되길 바라는 마음으로 대산교회 성경창의교육에 참여한 소감을 가감 없이 작성하여 올립니다.

이경호 / 대산교회 담임목사

장태규 박사의 성경 창의교육을 처음으로 접했을 때 어쩌면 이 모델이 한국교회와 학생회를 부흥시키는 모델이 될 수 있겠구나 하는 생각이 들었습니다.

특히 교회에 학생과 젊은 청년들이 점점 줄어드는 현실에서 뭔가 새로운 대안이 필요하다는 생각을 가지고 있던 저에게 성경 창의교육은 새로운 눈을 뜨는 계기가 되었습니다.

저희 교회에 성경공부를 창의적으로 적용해보고자 세미나를 열어 실제적인 교육을 받았습니다. 교육방법이 재미도 있었지만 학생이 교육에 직접 참여하는 방법으로 2시간이 금방 지나갔습니다. 이 세미나를 통하여 교육의 방법은 물론 효과도 있음을 체험하였습니다.

지금까지 많은 교회에서는 나름대로 효과적이라 생각되는 방법으로 성경공부를 해 왔고 저도 교사로서 오랜 동안 지도해 보았지만 결과적으로 본다면 학년이 올라갈수록 학생수가 감소되는 결과로 안타까움을 경험해 왔습니다. 성경을 충실히 가르쳤음에도 변화되는 학생의 수가 많지 않아 한계를 느꼈었는데, 교육을 받으며 새로운 희망이 보였습니다. 창의적 성경공부는 새로운 대안이 될 것이 분명합니다. 그동안의 교사나 목회자에 의해서 일방적으로 주입시키고 듣게 하는 방법이 아니었습니다.

[성경창의교육 4주간의 체험]은 교사의 리더 아래 모두가 참가하여 각자의 생각을 발표하고 다른 사람의 다양한 생각과 내 생각을 융합하여 자기의 것으로 만드는 특별한 교육방법이 있었습니다. 더구나 그림을 그려 자기 생각을 나타내게 하고, 글을 쓰게 하고 말로 표현하게 하는 교육과정은 성경말씀 내용에 대한 기억은 물론이고 내면화를 시켜 행동으로 연결하게 하는 특징이 있었습니다.

이번 교육체험은 창의성 개발은 물론 마치 인문고전 독서를 하고 다양한 사고를 습득하는 것처럼 성경을 읽고 우수한 기독교 인재를 양성할 수 있는 교육모델처럼 느껴졌습니다. 성경에서 말씀하는 내용의 깊은 이해를 통해 삶이 변화되는 탁월한 교육기법으로 생각되었습니다.

또한 성경 창의교육은 교회 사역에 다양하게 적용할 수도 있겠다는 확신을 주었습니다. 짧은 세미나를 경험한 저희 교회는 성경공부 뿐만 아니라 신앙상담도 그림을 그려 사용하는 등 치유상담의 도구로도 활용하게 되었습니다. 저희 교회에서는 향후 구역예배에도 창의적 성경공부 방법을 적용할까 생각 중입니다.

교회를 개척한지 3년째 맞이하며 어떻게 선교와 전도를 해야 하나 기도하는 가운데 만나게 된 이 교육은 한국교회에 새로운 일을 준비하게끔 결정하게 도와준 시간이었습니다.

* 정경아 / 대산교회 서리집사

하나님의 말씀으로 창의교육을 한다는 것 자체가 기대와 설렘을 동반하는 즐거운 기다림이었고 4주간의 강의 시간들은 우리들을 깔깔깔, 짝짝짝 감탄하며 칭찬하는 수퍼 행복 발전소를 만들게 했다. 교인과의 친목과 담합은 물론 내 생각과 사고의 틀이 물렁물렁해지는 변화를 경험하는 소중하고 놀라운 시간이었다.

* 장은주 / 대산교회 권사

이번 창세기 창의교육을 통해서 단편적인 시공간 속에 갇혀있던 나를 발견했다. 마치, 촛불하나 달랑 들고 서재로 들어가 책꽂이에서 이책 저책을 찾아다가 흐뭇해하며 읽고 있었는데, 어느 날 전등불을 환하게 켜보니 여기저기 잡다한 책들로 발 디딜 틈도 없이 어질러져있는 서재 바닥을 본 느낌이랄까! 내가 지금 그런 기분이다. 성경책을 몇 독이나 하고 온갖 기독교 서적들을 닥치는 대로 탐닉하며 읽어왔건만 내 머리에 천지창조의 빛이 들어오니 책꽂이에 잘 정리되어 있는 것이 아니라 정신없이 널브러져 있는 나를 발견한 것이 아닌가! 가히 충격적이다.

그래서 다른 사람들과 대화할 때도 자꾸 핵심을 놓치면서 듣고 다시 되묻고는 했나보다. 이젠 빛이 들어와서 보게 되었으니 버릴 책은 버리고 책장에 가지런히 정리해놔야겠다. 머릿속 방이 먼저 정리되고 나서 성경을 다시 읽으면 주님의 메시지가 영으로 확실하게 이해되겠지? 내 삶의 남은 시간들이 기대된다.

1. Face : 무엇에 직면했는지 바라보라!

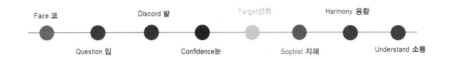

범주 - 일상의 믿음 말씀에 대한 고정관념을 경험하는 단계

속성 - 문제를 정확히 보지 않기에 접점을 찾지 못하고 회피하는 사고생성

규칙 - 생각과 행동, 태도의 불일치로 오는 소통의 갈등인지, 교제의 참여거부

2. Question : 불확실, 의심을 질문하라!

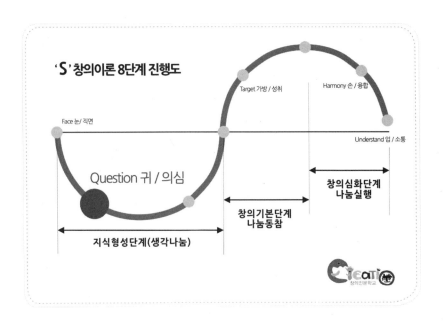

범주 - 경청하지 못하는 의사소통, 정보의 원활한 소통장애

속성 - 본질을 보지 못하는 믿음과 시각

　　　신뢰하지 못하는 소통의 마음, 정신, 지성

규칙 - 한방향의 정보습득 & 의사소통단절 & 소속이탈

3. Discord : 내 감정은 어디로 갈 것인가?

범주 - 문제해결 : 문제를 바라보는 자기중심적인 시각의 왜곡

속성 - 기존의 정보와 지식의 간격차이, 사실의 인지

규칙 - 창의적인 대안을 제시하지 못하는 관점과 사고, 행동

4. Confidence : 왜곡되지 않게 머리로 보라!

범주 - 리더십, 말씀속의 글, 교회동료, 학교의 친구, 일상의 상황
속성 - 소모임을 이끄는 긍정(공감)의 소통점
규칙 - 자신의 활동성을 극대화시키는 출발점

5. Target : 무엇을 얻고자 하는가?

범주 - 믿음의 방향성, 다양한 분야의 관점, 호기심의 성취 경험
속성 - 목표의 명확성, 결과물
규칙 - 목표에 대한 시간의 밀도상승, 생각과 행동으로 실행하는 경험

6. Sophist : 나눔을 실천하는 창의적사고

범주 - 스토리텔링 & 유머감각 & 말씀의 메시지

속성 - 창의적이며 독창적 사고와 관계의 집중력이 상승

규칙 - 논리적인 사고를 조화롭게 통제하는 추상적 사고 추구

7. Harmony 융합균형으로 나눔을 실행하라!

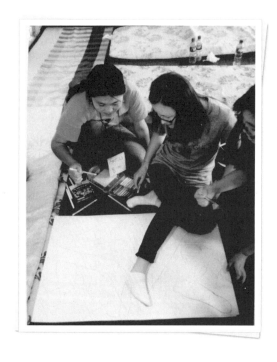

범주 - [신앙과 일상] [믿음과 행함]
    다양한 관심, 일상의 관심을 통합시키는 관점의 사고과정
속성 - 다양한 사고들의 조합, 효과성 이해
규칙 - 한가지의 아이디어, 문제, 갈등에 대해 다양한 해결점을 갖는 사고, 행동

8. Understand   아이들의 수준으로 소통하라!

범주 - [믿지 않는 자들과의 소통] & [세상과 하나님나라]
      겸손한 수준으로 지혜와 지식을 흘려보내는 유연한 사고
속성 - 왜곡됨이 없는 성경의 말씀이해, 창의적 관점의 사고
규칙 - 일상의 모든 관계성에 수위를 조절(겸손)하고 효과성 집중

크레아티오 창의인문학교

창세기 창의성경교육 40주

창세기 창의성경교육 진행구성

①단계	The Creation Story
②단계	Salvation - Adam and Eve's Story
③단계	Sacrifice - Cain and Abel's Story
④단계	Grace - Noah's Story
⑤단계	Disperse - The Tower of Babel
⑥단계	Start - Abraham's Story
⑦단계	Promise - Isaac's Story
⑧단계	Change - Jacob's Story
⑨단계	Dream - Joseph's Story
⑩단계	Good News - Story Organize

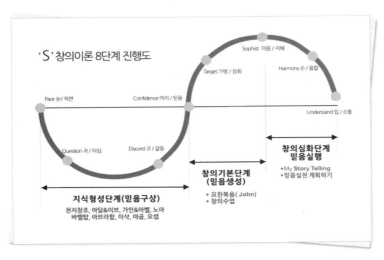

지식형성단계 (믿음구상)	/ 창세기의 단계별 스토리 이해, 창의적 표현이 가능한 단계
창의기본단계 (믿음생성)	/ 창세기의 말씀과 이솝우화를 통해 복음을 이해하는 단계
창의심화단계 (믿음실행)	/ 창세기 & 창의매체활용, 복음을 깊게 체험하는 단계

창세기 창의성경교육 진행단계

	A-STEP	B-STEP	C-STEP	D-STEP
	Bible Story	Aesop's Fables	Write	Creative
1W	The **Creation** Story	난파당한 사람과 바다		**Light class** Gen 1:3~5 / Mt 5:14~16
2W	**Salvation** -Adam and Eve	좋은 것들과 나쁜 것들		**Curve class & Temptation** Gen 3:1~6 / Mt 4:1~4
3W	**Sacrifice** -Cain and Abel	못생긴 여자노예와 아프로디테		**Straight 수업 & Killing 살인** Gen 4:6~8 / Mt 5:21~22
4W	**Grace** -Noah's Story	소몰이꾼과 헤라클레스		**Figure 수업 & Choice** Gen 6:17~19 / Mt 8:1~3
5W	**Disperse** -The Tower of Babel	농부와 언 뱀	Write for Column	**Image Recomposition** **Disperse 흩어짐** Gen 11:8~9 / Mt 28 :16~20
6W	**Start** -Abraham's Story	말과 소와 개와 사람		**Number class & Start** Gen 12:1~3 / Mt 3:1~3
7W	**Promise** -Isaac's Story	제우스와 사람들		**Moving class & Promise** Gen 21:1~3 / Mt 1:20~23
8W	**Change** -Jacob's Story	쥐와 개구리		**Self introduction 수업** **Name 이름** Gen 32:24~29/Mt 16:15~18
9W	**Dream** -Joseph's Story	당나귀와 강아지 또는 개와 주인		**Fusion Curve(OH film)** **Dream** Gen 41:16~16 / Mt 2:13~14
10W	**Good News** -Story Organize	벼룩과 황소		**Pattern / Seed**

창세기 창의성경교육 진행방법

- 1팀에 10명 내외로 구성하면 좋습니다. [초등, 중등, 고등, 대학, 교사부]
- 창세기 말씀을 중심주제로 읽는다.
- 각 이야기에 나오는 핵심 키워드의 본질을 이야기한다.
- 핵심키워드를 생각할 수 있는 창의체험을 진행한다.
- 적용하기의 3가지 빈칸의 내용을 적고 이야기 나눈다.

1단계 : 성경말씀 주제코칭

- 제시된 성경구절을 읽어봅니다. (창세기)
- 성경말씀이 어떤 의미를 갖고 있는 지 토론하여 봅니다.

2단계 : 성경말씀과 우화 융합코칭

- 이솝우화를 읽고 이야기에서 주는 교훈이 말할 수 있습니다.
- 1단계의 주제와 융합하여 토론할 수 있습니다.

3단계 : 스토리텔링 소통코칭

- 이야기의 성경주제에 대해 정리한다.
- 이솝우화의 이야기에서 주는 교훈을 정리한다.
- 두 개의 주제를 융합하여 6하 원칙으로 자신의 글을 쓸 수 있다.
- 자신의 글에 제목을 붙인다.

4단계 : 이미지 창의코칭

-6하 원칙으로 쓴 자신의 글을 그림으로 그릴 수 있다.
-직선이나 곡선을 사용하여 본질단어의 표현할 수 있다.
-글씨를 가운데 놓고 그 주변을 꾸미는 그림을 그릴 수 있다.
-작품에 제목을 붙일 수 있다.

1 In the beginning God created the heavens and the earth.

2 Now the earth was formless and empty, darkness was over the surface of the deep, and the Spirit of God was hovering over the waters.

26 Then God said, "Let us make man in our image, in our likeness, and let them rule over the fish of the sea and the birds of the air, over the livestock, over all the earth, and over all the creatures that move along the ground."

27 So God created man in his own image, in the image of God he created him; male and female he created them.

28 God blessed them and said to them, "Be fruitful and increase in number; fill the earth and subdue it. Rule over the fish of the sea and the birds of the air and over every living creature that moves on the ground."

1 태초에 하나님이 천지를 창조하시니라

2 땅이 혼돈하고 공허하며 흑암이 깊음 위에 있고 하나님의 신은 수면에 운행하시니라

26 하나님이 가라사대 우리의 형상을 따라 우리의 모양대로 우리가 사람을 만들고 그로 바다의 고기와 공중의 새와 육축과 온 땅과 땅에 기는 모든 것을 다스리게 하자 하시고

27 하나님이 자기 형상 곧 하나님의 형상대로 사람을 창조하시되 남자와 여자를 창조하시고

28 하나님이 그들에게 복을 주시며 그들에게 이르시되 생육하고 번성하여 땅에 충만하라, 땅을 정복하라, 바다의 고기와 공중의 새와 땅에 움직이는 모든 생물을 다스리라 하시니라.

The Creation Story

이솝우화 주제문장

융합코칭 #01 난파당한 사람과 바다

난파당해 바닷가에 내던져진 사람이 지쳐서 잠이 들었다. 잠시 뒤 깨어난 그는 바다를 보며 나무랐다.

얌전한 외모로 사람들을 유인한 후 일단 손에 들어오면 바다는 거칠어져서 사람을 죽에 만든다는 것이었다.

바다가 여자의 모습을 하고 그에게 말했다.

이봐요, 나를 나무라지 말고 바람을 나무라세요.

내 본성은 지금 그대가 보는 것과 같으니까요.

그런데 느닷없이 바람이 나를 덮쳐 물결치게 하고 거칠어지게 하지 뭐예요.

#01 Shipwrecked person and The sea

Tired person who just went through shipwreck fell asleep. Awhile later, he started scolding the sea.

With calm looking lure people in, and once people come it becomes wild and kill people.

Sea became looking like a lady and said

Hey don't scold me! scold the wind

I am the way I am

but I get wild when the wind comes

[우화 일상적용]

우화가 주는 교훈

내 생각 비틀기

일상과 연결할 내용

Aesop's Fables & Creation Story

선생님과 함께 해요!

융합코칭 목표
1단계 : 우화가 주는 교훈을 이야기할 수 있다.
2단계 : 우화와 천지창조의 융합문장을 만들 수 있다.

1)이솝우화를 함께 읽어봅니다.
2)어떤 교훈을 주는 내용인지 이야기합니다.
3)우화의 본질단어에 대해 이야기합니다.
4)우화교훈과 천지창조(주제어)와의 관계를 이야기합니다.
5)토론이 정리되면 일상적용을 적어봅니다.

천지창조 칼럼쓰기

재미있는 글짓기-컬럼쓰기

천지창조와 빛을 핵심내용 연결하기
1)
2)

이솝우화의 핵심단어 찾기
1)
2)

선생님과 함께 해요!

소통코칭 목표

1단계 : 성경과 우화를 활용한 글쓰기.
2단계 : 글을 쓰고 난 후 제목을 붙여본다.

1)글쓰기가 익숙하지 않은 학생에게는 자극을 줘야 합니다.
2)성경(천지창조)구절을 다시한번 읽어봅니다.
3)이솝우화에서 생각한 핵심단어를 체크해봅니다.
4)이솝우화에 등장하는 인물이 누구인지 묻습니다.
5)성경주제와 우화의 관계성에 대해 정리합니다.
6)작성한 자신의 컬럼(글짓기)를 돌아가면서 읽어봅니다.
7)친구들이 발표하는 내용을 잘 듣도록 유도합니다.
 [친구의 글 내용을 물어볼 수도 있습니다.]
8)글의 제목을 정하고 그 이유를 이야기합니다.

[일상에 적용하기]

말씀을 통해 느낀 것

내 믿음의 비전과 연결

일상에서 실천할 일!

Write for Column

Title :

선생님과 함께 해요!

1단계 : 주제어와 관련된 그림을 그릴 수 있다.

2단계 : 그림에 제목을 학과 관련해서 만들 수 있다.

1)종이에 주제어와 날짜를 적어봅니다.
2)곡선이나 직선을 활용하여 주제어를 꾸미도록 합니다.
3)색칠을 할 수도 있습니다.
4)작품에 대한 제목을 붙여봅니다.
5)그림을 완성한 후 작품을 돌아가며 설명해봅니다.
6)우측에 3단계 자기적용을 작성해봅니다.

Teacher Tip

-글씨(주제어) 자체를 꾸미는 작업도 재미있습니다.

-그림이 어려운 학생은 자유로이 주제에 연상되는
 그림을 그리게 합니다.

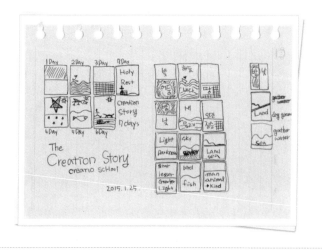

[일상에 적용하기]

말씀을 통해 느낀 것

내 믿음의 비전과 연결

일상에서 실천할일!

창의인문학교

The Creative Experience

빛 Light

18 The LORD God said, "It is not good for the man to be alone. I will make a helper suitable for him."

25 The man and his wife were both naked, and they felt no shame.

[3장]

8 Then the man and his wife heard the sound of the LORD God as he was walking in the garden in the cool of the day, and they hid from the LORD God among the trees of the garden.

15 And I will put enmity between you and the woman, and between your offspring and hers; he will crush your head, and you will strike his heel."

21 The LORD God made garments of skin for Adam and his wife and clothed them.

---

18 여호와 하나님이 이르시되 사람이 혼자 사는 것이 좋지 아니하니 내가 그를 위하여 돕는 배필을 지으리라 하시니라.

25 아담과 그의 아내 두 사람이 벌거벗었으나 부끄러워하지 아니하니라.

[3장]

8 그들이 그 날 바람이 불 때 동산에 거니시는 여호와 하나님의 소리를 듣고 아담과 그의 아내가 여호와 하나님의 낯을 피하여 동산 나무 사이에 숨은지라

15 내가 너로 여자와 원수가 되게 하고 네 후손도 여자의 후손과 원수가 되게 하리니 여자의 후손은 네 머리를 상하게 할 것이요 너는 그의 발꿈치를 상하게 할것이니라 하시고

21 여호와 하나님이 아담과 그의 아내를 위하여 가죽옷을 지어 입히시니라

Salvation Adam and Eve's Story

이솝우화 & 아담이브

[이솝우화 주제문장]

융합코칭 #02 좋은 것들과 나쁜 것들

좋은 것들은 허약한지라 나쁜 것들에 쫓겨 하늘로 올라 갔다. 그러자 좋은 것들이 어떻게 해야 사람들에게 갈 수 있겠는지 제우스에게 물었다.

제우스가 좋은 것들에게 이르기를,

사람들에게 다가가되 한꺼번에 몰려가지 말고 하나씩 가라고 했다.

그리하여 나쁜 것들은 가까이 사는 까닭에 늘 사람들을 공격하지만,

좋은 것들은 하늘에서 하나씩 내려와야 하기 때문에 드문드문 사람들을 찾아가는 것이다.

#02 Good things and bad things

Good things are week so bad things chased them away to the sky.

So good things asked Zeus how to go to the people Zeus told good things.

Go to people but not all at once, you guys should go one by one.

So that's why bad things always attack people because they live near people and good things come once awhile because they have to come down one by one.

[우화 일상적용]

우화가 주는 교훈

내 생각 비틀기

일상과 연결할 내용

Aesop's Fables & Adam and Eve's Story

선생님과 함께 해요!

융합코칭 목표
1단계 : 우화가 주는 교훈을 이야기할 수 있다.
2단계 : 우화와 천지창조의 융합문장을 만들 수 있다.

1)이솝우화를 함께 읽어봅니다.
2)어떤 교훈을 주는 내용인지 이야기합니다.
3)우화의 본질단어에 대해 이야기합니다.
4)우화교훈과 천지창조(주제어)와의 관계를 이야기합니다.
5)토론이 정리되면 일상적용을 적어봅니다.

아담과 이브 칼럼쓰기

재미있는 글짓기-컬럼쓰기

Salvation(구원)의 핵심단어 찾기
1)
2)

이솝우화의 핵심단어 체크하기
1)
2)

[일상에 적용하기]

말씀을 통해 느낀 것

내 믿음의 비전과 연결

일상에서 실천할 일!

선생님과 함께 해요!

소통코칭 목표

1단계 : 성경과 우화를 활용한 글쓰기를 할 수 있다.
2단계 : 글을 쓰고 난 후 제목을 붙여본다.

1)글쓰기가 익숙하지 않은 학생에게는 자극을 줘야 합니다.
2)성경구절을 다시한번 읽어봅니다.
3)이솝우화에서 생각한 핵심단어를 체크해봅니다.
4)이솝우화에 등장하는 인물이 누구인지 묻습니다.
5)성경주제와 우화의 관계성에 대해 정리합니다.
6)작성한 자신의 컬럼(글짓기)를 돌아가면서 읽어봅니다.
7)친구들이 발표하는 내용을 잘 듣도록 유도합니다.
  [친구의 글 내용을 물어볼 수도 있습니다.]
8)글의 제목을 정하고 그 이유를 이야기합니다.

Write for Column

Title :

선생님과 함께 해요!

1단계 : 주제어와 관련된 그림을 그릴 수 있다.

2단계 : 그림에 제목을 학과 관련해서 만들 수 있다.

1)종이에 주제어와 날짜를 적어봅니다.
2)곡선을 활용하여 주제어를 꾸미도록 합니다.
3)색칠을 할 수도 있습니다.
4)작품에 대한 제목을 붙여봅니다.
5)그림을 완성한 후 작품을 돌아가며 설명해봅니다.
6)우측에 3단계 자기적용을 작성해봅니다.

Teacher Tip

-글씨(주제어) 자체를 꾸미는 작업도 재미있습니다.
-그림이 어려운 학생은 자유로이 주제에 연상되는
 그림을 그리게 합니다.

[일상에 적용하기]

말씀을 통해 느낀 것

내 믿음의 비전과 연결

일상에서 실천할 일!

The Creative Experience

유혹 Temptation

---

4 But Abel brought fat portions from some of the firstborn of his flock. The LORD looked with favor on Abel and his offering,

5 but on Cain and his offering he did not look with favor. So Cain was very angry, and his face was downcast.

15 But the LORD said to him, "Not so; if anyone kills Cain, he will suffer vengeance seven times over." Then the LORD put a mark on Cain so that no one who found him would kill him.

24 If Cain is avenged seven times, then Lamech seventy-seven times."

---

4 아벨은 자기도 양의 첫 새끼와 그 기름으로 드렸더니 여호와께서 아벨과 그의 제물은 받으셨으나.

5 가인과 그의 제물은 받지 아니하신지라 가인이 몹시 분하여 안색이 변하니

15 여호와께서 그에게 이르시되 그렇지 아니하다 가인을 죽이는 자는 벌을 칠 배나 받으리라 하시고 가인에게 표를 주사 그를 만나는 모든 사람에게서 죽임을 면하게 하시니라.

24 가인을 위하여는 벌이 칠 배일진대 라멕을 위하여는 벌이 칠십칠 배이리로다 하였더라

말씀을 통해 느낀 것	내 믿음의 비전과 연결	일상에서 실천할 것

Sacrifice / Cain & Abel's Story

이솝우화 & 카인, 아벨

이솝우화 주제문장

융합코칭 #03 못생긴 여자 노예와 아프로디테

못생기고 성질이 고약한 여자 노예가 주인의 사랑을 받았다. 그녀는 주인이 준 돈으로 반짝이는 장신구들을 사서 몸을 치장했고 자기 여주인과 경쟁하려 했다.

그녀는 아프로디테에게 늘 제물을 바치며 자기를 아름답게 만들어달라고 기도했다.

그러나 아프로디테가 꿈에 나타나 여자 노예에게 말하기를 자기는 그녀를 아름답게 만들어줄 생각이 없노라고 했다. 너 같은 것을 아름답다고 생각하는 그 남자가 밉고 괘씸하기 때문이지

#03 Ugly female slave and Aphrodite

Ugly female slave with a foul characteristic were loved by her master. She decorated herself with shiny accessories with the money that master gave her and tried to compete with her female master.

She always offered sacrificed to Aphrodite and asked her to make herself pretty

but Aphrodite showed up in her dream and told her that She doesn't want to make the female slave beautiful

Aphrodite did not appreciate the male master who thought that female slave was beautiful

[우화 일상적용]

우화가 주는 교훈

내 생각 비틀기

일상과 연결할 내용

Aesop's Fables & Cain and Abel

카인과 아벨 칼럼쓰기

재미있는 글짓기-컬럼쓰기

Sacrifice(희생)의 의미를 정리합니다.
1)
2)

이솝우화의 핵심단어를 체크합니다.
1)
2)

선생님과 함께 해요!

소통코칭 목표
 1단계 : 성경과 우화를 활용한 글쓰기를 할 수 있다.
 2단계 : 글을 쓰고 난 후 제목을 붙여본다.

1)글쓰기가 익숙하지 않은 학생에게는 자극을 줘야 합니다.
2)성경구절을 다시 한번 읽어봅니다.
3)이솝우화에서 생각한 핵심단어를 체크해봅니다.
4)이솝우화에 등장하는 인물이 누구인지 묻습니다.
5)성경주제와 우화의 관계성에 대해 정리합니다.
6)작성한 자신의 컬럼(글짓기)를 돌아가면서 읽어봅니다.
7)친구들이 발표하는 내용을 잘 듣도록 유도합니다.
　[친구의 글 내용을 물어볼 수도 있습니다.]
8)글의 제목을 정하고 그 이유를 이야기합니다.

[일상에 적용하기]

말씀을 통해 느낀 것

내 믿음의 비전과 연결

일상에서 실천할일!

Write for Column

Title :

카인과 아벨 창의체험

선생님과 함께 해요!

1단계 : 주제어와 관련된 그림을 그릴 수 있다.

2단계 : 그림에 제목을 학과 관련해서 만들 수 있다.

1)종이에 주제어와 날짜를 적어봅니다.
2)직선을 활용하여 주제어를 꾸미도록 합니다.
3)색칠을 할 수도 있습니다.
4)작품에 대한 제목을 붙여봅니다.
5)그림을 완성한 후 작품을 돌아가며 설명해봅니다.
6)우측에 3단계 자기적용을 작성해봅니다.

Teacher Tip
-글씨(주제어) 자체를 꾸미는 작업도 재미있습니다.
-그림이 어려운 학생은 자유로이 주제에 연상되는
그림을 그리게 합니다.

[일상에 적용하기]

말씀을 통해 느낀 것

내 믿음의 비전과 연결

일상에서 실천할일!

살인 Killing

6장

9 This is the account of Noah. Noah was a righteous man, blameless among the people of his time, and he walked with God. 22 Noah did everything just as God commanded him.

7장

1 The LORD then said to Noah, "Go into the ark, you and your whole family, because I have found you righteous in this generation.

8장

20 Then Noah built an altar to the LORD and, taking some of all the clean animals and clean birds, he sacrificed burnt offerings on it.

9장 1 Then God blessed Noah and his sons, saying to them, "Be fruitful and increase in number and fill the earth.

6장

9 ○이것이 노아의 족보니라 노아는 의인이요 당대에 완전한 자라 그는 하나님과 동행하였으며 22 노아가 그와 같이 하여 하나님이 자기에게 명하신 대로 다 준행하였더라

7장

1 여호와께서 노아에게 이르시되 너와 네 온 집은 방주로 들어가라 이 세대에서 네가 내 앞에 의로움을 내가 보았음이니라

8장

20 ○노아가 여호와께 제단을 쌓고 모든 정결한 짐승과 모든 정결한 새 중에서 제물을 취하여 번제로 제단에 드렸더니

9장 1 하나님이 노아와 그 아들들에게 복을 주시며 그들에게 이르시되 생육하고 번성하여 땅에 충만하라

Grace / Noah's Story

이솝우화 & 노아

이솝우화 주제문장

융합코칭 #04 소몰이꾼과 헤라클레스

소몰이꾼이 마을로 달구지를 몰고 가다가 달구지가
깊은 구덩이에 빠졌다.
소몰이꾼은 달구지를 끌어낼 생각은 하지 않고
우두커니 서서 모든 신들 가운데
그가 가장 존경하는 헤라클레스에게 기도만 했다.
헤라클레스가 나타나 말했다.
바퀴들을 만져보고 막대기로 소들을 찔러봐
너 스스로 노력한 다음 신들에게 기도해야지 그러지
않으면 기도해도 헛일이야.

#4. Bull whacker and Hercules

Bull whacker was driving the cart to the town and the cart got stocked in a deep ditch

Bull whacker didn't do anything but started praying to the god that he respected the most, the Hercules

Hercules showed up and said

touch the wheels and poke the bulls

you have to pray after trying yourself, otherwise the prayers are pointless

[우화 일상적용]

우화가 주는 교훈

내 생각 비틀기

일상과 연결할 내용

Aesop's Fables & Noah

선생님과 함께 해요!

융합코칭 목표
1단계 : 우화가 주는 교훈을 이야기할 수 있다.
2단계 : 우화와 천지창조의 융합문장을 만들 수 있다.

1)이솝우화를 함께 읽어봅니다.
2)어떤 교훈을 주는 내용인지 이야기합니다.
3)우화의 본질단어에 대해 이야기합니다.
4)우화교훈과 천지창조(주제어)와의 관계를 이야기합니다.
5)토론이 정리되면 일상적용을 적어봅니다.

노아 칼럼쓰기

재미있는 글짓기-컬럼쓰기

Grace(축복,은혜)의 연결단어 찾아주기
1)
2)

이솝우화의 핵심단어 체크하기
1)
2)

[일상에 적용하기]

말씀을 통해 느낀 것

내 믿음의 비전과 연결

선생님과 함께 해요!

소통코칭 목표
1단계 : 성경과 우화를 활용한 글쓰기를 할 수 있다.
2단계 : 글을 쓰고 난 후 제목을 붙여본다.

1)글쓰기가 익숙하지 않은 학생에게는 자극을 줘야 합니다.
2)성경구절을 다시 한번 읽어봅니다.
3)이솝우화에서 생각한 핵심단어를 체크해봅니다.
4)이솝우화에 등장하는 인물이 누구인지 묻습니다.
5)성경주제와 우화의 관계성에 대해 정리합니다.
6)작성한 자신의 컬럼(글짓기)를 돌아가면서 읽어봅니다.
7)친구들이 발표하는 내용을 잘 듣도록 유도합니다.
　[친구의 글 내용을 물어볼 수도 있습니다.]
8)글의 제목을 정하고 그 이유를 이야기합니다.

일상에서 실천할일!

Write for Column

Title :

노아 창의체험

Gen 6:17~19
Mt 8:1~3

크레아티오 창의인문학교
창세기 창의코칭

선생님과 함께 해요!

1단계 : 주제어와 관련된 그림을 그릴 수 있다.

2단계 : 그림에 제목을 학과 관련해서 만들 수 있다.

1)종이에 주제어와 날짜를 적어봅니다.
2)도형을 활용하여 주제어를 꾸미도록 합니다.
3)색칠을 할 수도 있습니다.
4)작품에 대한 제목을 붙여봅니다.
5)그림을 완성한 후 작품을 돌아가며 설명해봅니다.
6)우측에 3단계 자기적용을 작성해봅니다.

Teacher Tip

-글씨(주제어) 자체를 꾸미는 작업도 재미있습니다.

-그림이 어려운 학생은 자유로이 주제에 연상되는
 그림을 그리게 합니다.

[일상에 적용하기]

말씀을 통해 느낀 것

내 믿음의 비전과 연결

일상에서 실천할일!

선택 choice

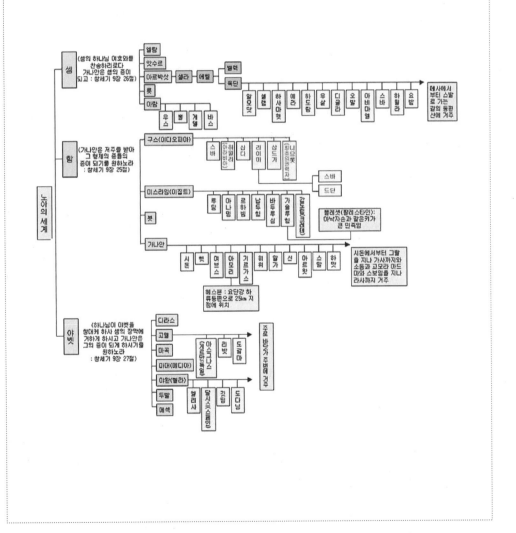

바벨탑 이야기
The Tower of Babel / Genesis 11:1-9

1 Now the whole world had one language and a common speech.

4 Then they said, "Come, let us build ourselves a city, with a tower that reaches to the heavens, so that we may make a name for ourselves and not be scattered over the face of the whole earth."

9 That is why it was called Babel -- because there the LORD confused the language of the whole world. From there the LORD scattered them over the face of the whole earth.

1 온 땅의 언어가 하나요 말이 하나였더라

4 또 말하되 자, 성읍과 탑을 건설하여 그 탑 꼭대기를 하늘에 닿게 하여 우리 이름을 내고 온 지면에 흩어짐을 면하자 하였더니

9 그러므로 그 이름을 바벨이라 하니 이는 여호와께서 거기서 온 땅의 언어를 혼잡하게 하셨음이니라 여호와께서 거기서 그들을 온 지면에 흩으셨더라

[적용하기]

말씀을 통해 느낀 것	내 믿음의 비전과 연결	일상에서 실천할 것

Disperse / The Tower of Babel

이솝우화 & 바벨탑

이솝우화 주제문장

융합코칭 #05 농부와 언 뱀

겨울철에 뱀이 추위에 뻣뻣해진 것을 보고 농부가
불쌍한 생각이 들어 가슴에 품었다.
뱀은 몸이 따듯해지자
제 본성으로 돌아가 은인을 물어 죽였다.
농부가 죽어가며 말했다.
나는 벌받아 마땅하지 사악한 자를 불쌍히 여겼으니

#05 Farmer and a Frozed snake

In the cold winter farmer saw a snake frozen so the farmer felt pity and hugged it so.

it gets warm as the snake's body got wormer he bit the farmer and killed the savior.

As the farmer die he said "I deserve to die since I pitied the evil one"

[우화 일상적용]

우화가 주는 교훈

내 생각 비틀기

일상과 연결할 내용

창의인문학교

Aesop's Fables & The Tower of Babel

선생님과 함께 해요!

융합코칭 목표
1단계 : 우화가 주는 교훈을 이야기할 수 있다.
2단계 : 우화와 천지창조의 융합문장을 만들 수 있다.

1)이솝우화를 함께 읽어봅니다.
2)어떤 교훈을 주는 내용인지 이야기합니다.
3)우화의 본질단어에 대해 이야기합니다.
4)우화교훈과 천지창조(주제어)와의 관계를 이야기합니다.
5)토론이 정리되면 일상적용을 적어봅니다.

바벨탑 칼럼쓰기

재미있는 글짓기-컬럼쓰기

Disperse(흩어짐)의 의미단어 연결하기
1)
2)

이솝우화의 핵심단어 체크하기
1)
2)

선생님과 함께 해요!

소통코칭 목표

1단계 : 성경과 우화를 활용한 글쓰기를 할 수 있다.

2단계 : 글을 쓰고 난 후 제목을 붙여본다.

1)글쓰기가 익숙하지 않은 학생에게는 자극을 줘야 합니다.

2)성경구절을 다시 한번 읽어봅니다.

3)이솝우화에서 생각한 핵심단어를 체크해봅니다.

4)이솝우화에 등장하는 인물이 누구인지 묻습니다.

5)성경주제와 우화의 관계성에 대해 정리합니다.

6)작성한 자신의 컬럼(글짓기)를 돌아가면서 읽어봅니다.

7)친구들이 발표하는 내용을 잘 듣도록 유도합니다.

 [친구의 글 내용을 물어볼 수도 있습니다.]

8)글의 제목을 정하고 그 이유를 이야기합니다.

[일상에 적용하기]

말씀을 통해 느낀 것

내 믿음의 비전과 연결

일상에서 실천할 일!

Write for Column

Title :

선생님과 함께 해요!

1단계 : 주제어와 관련된 그림을 그릴 수 있다.

2단계 : 그림에 제목을 학과 관련해서 만들 수 있다.

1)종이에 주제어와 날짜를 적어봅니다.
2)이미지 재구성을 활용하여 주제어를 꾸미도록 합니다.
3)색칠을 할 수도 있습니다.
4)작품에 대한 제목을 붙여봅니다.
5)그림을 완성한 후 작품을 돌아가며 설명해봅니다.
6)우측에 3단계 자기적용을 작성해봅니다.

Teacher Tip

-글씨(주제어) 자체를 꾸미는 작업도 재미있습니다.
-그림이 어려운 학생은 자유로이 주제에 연상되는
 그림을 그리게 합니다.

출처 : 미술대사전(용어편)

바벨 탑 (부분)피테르 브뤼헐, 1563년, 유화, 빈 미술사 미술관

[일상에 적용하기]

말씀을 통해 느낀 것

내 믿음의 비전과 연결

일상에서 실천할일!

흩어짐 Disperse

12장 / 1 The LORD had said to Abram, "Leave your country, your people and your fathers household and go to the land I will show you.

2 "I will make you into a great nation and I will bless you; I will make your name great, and you will be a blessing.

3 I will bless those who bless you, and whoever curses you I will curse; and all peoples on earth will be blessed through you."

4 So Abram left, as the LORD had told him; and Lot went with him. Abram was seventy-five years old when he set out from Haran.

14장 / 18 Then Melchizedek king of Salem brought out bread and wine. He was priest of God Most High,

19 and he blessed Abram, saying, "Blessed be Abram by God Most High, Creator of heaven and earth.

20 And blessed be God Most High, who delivered your enemies into your hand." Then Abram gave him a tenth of everything.

12장 / 1 여호와께서 아브람에게 이르시되 너는 너의 고향과 친척과 아버지의 집을 떠나 내가 네게 보여 줄 땅으로 가라

2 내가 너로 큰 민족을 이루고 네게 복을 주어 네 이름을 창대하게 하리니 너는 복이 될지라 3 너를 축복하는 자에게는 내가 복을 내리고 너를 저주하는 자에게는 내가 저주하리니 땅의 모든 족속이 너로 말미암아 복을 얻을 것이라 하신지라

4 이에 아브람이 여호와의 말씀을 따라갔고 롯도 그와 함께 갔으며 아브람이 하란을 떠날 때에 칠십오세였더라

14장 / 18 살렘 왕 멜기세덱이 떡과 포도주를 가지고 나왔으니 그는 지극히 높으신 하나님의 제사장이었더라

19 그가 아브람에게 축복하여 이르되 천지의 주재이시요 지극히 높으신 하나님이여 아브람에게 복을 주옵소서

20 너희 대적을 네 손에 붙이신 지극히 높으신 하나님을 찬송할지로다 하매 아브람이 그 얻은 것에서 십분의 일을 멜기세덱에게 주었더라.

23 Then Abraham approached him and said: "Will you sweep away the righteous with the wicked?

24 What if there are fifty righteous people in the city? Will you really sweep it away and not spare the place for the sake of the fifty righteous people in it?

25 Far be it from you to do such a thing -- to kill the righteous with the wicked, treating the righteous and the wicked alike. Far be it from you! Will not the Judge of all the earth do right?"

26 The LORD said, "If I find fifty righteous people in the city of Sodom, I will spare the whole place for their sake."

27 Then Abraham spoke up again: "Now that I have been so bold as to speak to the Lord, though I am nothing but dust and ashes,

28 what if the number of the righteous is five less than fifty? Will you destroy the whole city because of five people?" "If I find forty-five there," he said, "I will not destroy it."

29 Once again he spoke to him, "What if only forty are found there?" He said, "For the sake of forty, I will not do it."

30 Then he said, "May the Lord not be angry, but let me speak. What if only thirty can be found there?" He answered, "I will not do it if I find thirty there."

31 Abraham said, "Now that I have been so bold as to speak to the Lord, what if only twenty can be found there?" He said, "For the sake of twenty, I will not destroy it."

32 Then he said, "May the Lord not be angry, but let me speak just once more. What if only ten can be found there?" He answered, "For the sake of ten, I will not destroy it."

33 When the LORD had finished speaking with Abraham, he left, and Abraham returned home.

18장 / 23 아브라함이 가까이 나아가 이르되 주께서 의인을 악인과 함께 멸하려 하시나이까

24 그 성 중에 의인 오십 명이 있을지라도 주께서 그 곳을 멸하시고 그 오십 의인을 위하여 용서하지 아니하시리이까

25 주께서 이같이 하사 의인을 악인과 함께 죽이심은 부당하오며 의인과 악인을 같이 하심도 부당하니이다 세상을 심판하시는 이가 정의를 행하실 것이 아니니이까

26 여호와께서 이르시되 내가 만일 소돔 성읍 가운데에서 의인 오십 명을 찾으면 그들을 위하여 온 지역을 용서하리라

27 아브라함이 대답하여 이르되 나는 티끌이나 재와 같사오나 감히 주께 아뢰나이다

28 오십 의인 중에 오 명이 부족하다면 그 오 명이 부족함으로 말미암아 온 성읍을 멸하시리이까 이르시되 내가 거기서 사십오 명을 찾으면 멸하지 아니하리라

29 아브라함이 또 아뢰어 이르되 거기서 사십 명을 찾으시면 어찌 하려 하시나이까 이르시되 사십 명으로 말미암아 멸하지 아니하리라

30 아브라함이 이르되 내 주여 노하지 마시옵고 말씀하게 하옵소서 거기서 삼십 명을 찾으시면 어찌 하려 하시나이까 이르시되 내가 거기서 삼십 명을 찾으면 그리하지 아니하리라

31 아브라함이 또 이르되 내가 감히 내 주께 아뢰나이다 거기서 이십 명을 찾으시면 어찌 하려 하시나이까 이르시되 내가 이십 명으로 말미암아 그리하지 아니하리라

32 아브라함이 또 이르되 주는 노하지 마옵소서 내가 이번만 더 아뢰리이다 거기서 십 명을 찾으시면 어찌 하려 하시나이까 이르시되 내가 십 명으로 말미암아 멸하지 아니하리라 33 여호와께서 아브라함과 말씀을 마치시고 가시니 아브라함도 자기 곳으로 돌아갔더라

말씀을 통해 느낀 것	내 믿음의 비전과 연결	일상에서 실천할 것

22장 / 1 Some time later God tested Abraham. He said to him, "Abraham!" "Here I am," he replied.

2 Then God said, "Take your son, your only son, Isaac, whom you love, and go to the region of Moriah. Sacrifice him there as a burnt offering on one of the mountains I will tell you about."

3 Early the next morning Abraham got up and saddled his donkey. He took with him two of his servants and his son Isaac. When he had cut enough wood for the burnt offering, he set out for the place God had told him about.

8 Abraham answered, "God himself will provide the lamb for the burnt offering, my son." And the two of them went on together.

12 "Do not lay a hand on the boy," he said. "Do not do anything to him. Now I know that you fear God, because you have not withheld from me your son, your only son."

22장 / 1 그 일 후에 하나님이 아브라함을 시험하시려고 그를 부르시되 아브라함아 하시니 그가 이르되 내가 여기 있나이다

2 여호와께서 이르시되 네 아들 네 사랑하는 독자 이삭을 데리고 모리아 땅으로 가서 내가 네게 일러 준 한 산 거기서 그를 번제로 드리라

3 아브라함이 아침에 일찍이 일어나 나귀에 안장을 지우고 두 종과 그의 아들 이삭을 데리고 번제에 쓸 나무를 쪼개어 가지고 떠나 하나님이 자기에게 일러 주신 곳으로 가더니

8 아브라함이 이르되 내 아들아 번제할 어린 양은 하나님이 자기를 위하여 친히 준비하시리라 하고 두 사람이 함께 나아가서

12 사자가 이르시되 그 아이에게 네 손을 대지 말라 그에게 아무 일도 하지 말라 네가 네 아들 네 독자까지도 내게 아끼지 아니하였으니 내가 이제야 네가 하나님을 경외하는 줄을 아노라

Belief / Abraham Story

Growth / Abraham Story

이솝우화 주제문장

융합코칭 #06 말과 소와 개와 사람

제우스가 사람을 만들 때는 수명을 조금밖에 주지 않았다. 그러나 사람은 자신의 지혜를 이용해 집을 짓고 겨울이 되자 그 안에서 살았다.

한번은 혹한이 닥치고 비가 쏟아지자 말이 견디다 못해 사람에게 달려가 자기를 보호해달라고 간청했다. 사람은 말의 수명을 나눠주지 않으면 그렇게 하지 않겠다고 말했다. 말은 기꺼이 내주었다. 얼마 뒤 소도 궂은 날씨를 견디다 못해 찾아왔다. 사람은 똑같은 말을 했다. 소도 제 수명의 일부를 주고받아 들여졌다.

마지막으로 개도 추위에 초주검이 되어 나타나 제 수명의 일부를 넘겨주고 보호받게 되었다.

그리하여 사람은 제우스가 준 수명을 사는 동안에는 순수하고 착하지만, 말이 준 수명에 들어서면 허풍을 치며 우쭐댄다. 또한 소가 준 수명에 들어서면 당당해지기 시작하고 개의 수명에 이르면 성을 잘 내고 투덜댄다.

#06 A horse, a bull, a dog, and a person

As Zeus created human he game them a short life. However people used their wisdom build a house in the winter and lived in it.

One day the horse couldn't endure the rain and the freezing weather so it ran to the human and asked him to let him in The human in exchange asked for part of horse's life and the horse agreed. Bull did the same as the horse.

As the dog. As a result people are pure and kind as they live the life that Zeus gave, but they are ostentatious and bragging when they live the life that horse gave, and become self confident when they live the life that bull gave and starts to complain a lot and become easily angry when the live the life that dog gave.

Aesop's Fables & Abraham

선생님과 함께 해요!

융합코칭 목표
1단계 : 우화가 주는 교훈을 이야기할 수 있다.
2단계 : 우화와 천지창조의 융합문장을 만들 수 있다.

1)이솝우화를 함께 읽어봅니다.
2)어떤 교훈을 주는 내용인지 이야기합니다.
3)우화의 본질단어에 대해 이야기합니다.
4)우화교훈과 천지창조(주제어)와의 관계를 이야기합니다.
5)토론이 정리되면 일상적용을 적어봅니다.

우화가 주는 교훈	내 생각 비틀기	일상과 연결할 내용

아브라함 칼럼쓰기

재미있는 글짓기-컬럼쓰기

Start & Obedience & Growth의 의미 연결하기
1)
2)

이솝우화의 핵심단어 체크하기
1)
2)

선생님과 함께 해요!

소통코칭 목표

1단계 : 성경과 우화를 활용한 글쓰기를 할 수 있다.

2단계 : 글을 쓰고 난 후 제목을 붙여본다.

1)글쓰기가 익숙하지 않은 학생에게는 자극을 줘야 합니다.

2)성경구절을 다시 한번 읽어봅니다.

3)이솝우화에서 생각한 핵심단어를 체크해봅니다.

4)이솝우화에 등장하는 인물이 누구인지 묻습니다.

5)성경주제와 우화의 관계성에 대해 정리합니다.

6)작성한 자신의 컬럼(글짓기)를 돌아가면서 읽어봅니다.

7)친구들이 발표하는 내용을 잘 듣도록 유도합니다.

　[친구의 글 내용을 물어볼 수도 있습니다.]

8)글의 제목을 정하고 그 이유를 이야기합니다.

[일상에 적용하기]

말씀을 통해 느낀 것

내 믿음의 비전과 연결

일상에서 실천할일!

Write for Column

Title :

선생님과 함께 해요!

1단계 : 주제어와 관련된 그림을 그릴 수 있다.

2단계 : 그림에 제목을 학과 관련해서 만들 수 있다.

1)종이에 주제어와 날짜를 적어봅니다.
2)숫자 곡선을 활용하여 주제어를 꾸미도록 합니다.
3)색칠을 할 수도 있습니다.
4)작품에 대한 제목을 붙여봅니다.
5)그림을 완성한 후 작품을 돌아가며 설명해봅니다.
6)우측에 3단계 자기적용을 작성해봅니다.

Teacher Tip

　-글씨(주제어) 자체를 꾸미는 작업도 재미있습니다.
　-그림이 어려운 학생은 자유로이 주제에 연상되는
　　그림을 그리게 합니다.

[일상에 적용하기]

말씀을 통해 느낀 것

내 믿음의 비전과 연결

일상에서 실천할일!

Start 시작

이삭 이야기
Isaac's Story - Genesis 25:19-26:35

23 The LORD said to her, "Two nations are in your womb, and two peoples from within you will be separated; one people will be stronger than the other, and the older will serve the younger." 29 Once when Jacob was cooking some stew, Esau came in from the open country, famished. 30 He said to Jacob, "Quick, let me have some of that red stew! Im famished!" (That is why he was also called Edom.)

31 Jacob replied, "First sell me your birthright."
32 "Look, I am about to die," Esau said. "What good is the birthright to me?"
33 But Jacob said, "Swear to me first." So he swore an oath to him, selling his birthright to Jacob. 34 Then Jacob gave Esau some bread and some lentil stew. He ate and drank, and then got up and left. So Esau despised his birthright.

2 The LORD appeared to Isaac and said, "Do not go down to Egypt; live in the land where I tell you to live. 3 Stay in this land for a while, and I will be with you and will bless you. For to you and your descendants I will give all these lands and will confirm the oath I swore to your father Abraham. 4 I will make your descendants as numerous as the stars in the sky and will give them all these lands, and through your offspring all nations on earth will be blessed,
5 because Abraham obeyed me and kept my requirements, my commands, my decrees and my laws." 6 So Isaac stayed in Gerar.

12 Isaac planted crops in that land and the same year reaped a hundredfold, because the LORD blessed him. 13 The man became rich, and his wealth continued to grow until he became very wealthy.

23 여호와께서 그에게 이르시되 두 국민이 네 태중에 있구나 두 민족이 네 복중에서 부터 나누이리라 이 족속이 저 족속보다 강하겠고 큰 자가 어린 자를 섬기리라 하셨더라 29 야곱이 죽을 쑤었더니 에서가 들에서 돌아와서 심히 피곤하여 30 야곱에게 이르되 내가 피곤하니 그 붉은 것을 내가 먹게 하라 한지라 그러므로 에서의 별명은 에돔이더라. 31 야곱이 이르되 형의 장자의 명분을 오늘 내게 팔라 32 에서가 이르되 내가 죽게 되었으니 이 장자의 명분이 내게 무엇이 유익하리요. 33 야곱이 이르되 오늘 내게 맹세하라 에서가 맹세하고 장자의 명분을 야곱에게 판지라. 34 야곱이 떡과 팥죽을 에서에게 주매 에서가 먹으며 마시고 일어나 갔으니 에서가 장자의 명분을 가볍게 여김이었더라

2 여호와께서 이삭에게 나타나 이르시되 애굽으로 내려가지 말고 내가 네게 지시하는 땅에 거주하라. 3 이 땅에 거류하면 내가 너와 함께 있어 네게 복을 주고 내가 이 모든 땅을 너와 네 자손에게 주리라 내가 네 아버지 아브라함에게 맹세한 것을 이루어 4 네 자손을 하늘의 별과 같이 번성하게 하며 이 모든 땅을 네 자손에게 주리니 네 자손으로 말미암아 천하 만민이 복을 받으리라. 5 이는 아브라함이 내 말을 순종하고 내 명령과 내 계명과 내 율례와 내 법도를 지켰음이라 하시니라. 6 이삭이 그랄에 거주하였더니

12 ○이삭이 그 땅에서 농사하여 그 해에 백 배나 얻었고 여호와께서 복을 주시므로 13 그 사람이 창대하고 왕성하여 마침내 거부가 되어

Faithful - Isaac's Story

이솝우화 & 이삭

이솝우화 주제문장

융합코칭 #07 제우스와 사람들

제우스는 사람들을 만들고 나서 헤르메스를 시켜
그들에게 지혜를 부어주게 했다.
그러자
헤르메스가 똑같은 분량을 만들어 그들 각자에게
부어주었다.
그리하여 키가 작은 사람들은 자신들의 분량으로
가득 차 지각있는 사람이 되었지만
키가 큰 사람들은 온몸이 물약이 고루 퍼지지 못해
남들보다 지각이 모자란 사람이 되었다.

#07 Zeus and people

After Zeus created people, he told Hermes to give them wisdom

Thus Hermes created equal portions and gave it to individual people.

So short people were full with wisdom and became wise

but tall people didn't get enough so they became less wise than others

[우화 일상적용]

우화가 주는 교훈

내 생각 비틀기

일상과 연결할 내용

Aesop's Fables & Isaac

이삭 칼럼쓰기

재미있는 글짓기-컬럼쓰기

Promise & Faithful의 핵심단어 찾아주기
1)
2)

이솝우화의 주요핵심단어 체크해주기
1)
2)

선생님과 함께 해요!

소통코칭 목표

1단계 : 성경과 우화로 6하 원칙의 내 글쓰기.
2단계 : 글을 쓰고 난 후 글의 제목을 만들 수 있다.

1)글쓰기가 익숙하지 않은 학생에게는 자극을 주어야 합니다.
2)성경에서 뽑은 문장을 체크해서 다시한번 읽어봅니다.
3)이솝우화에서 생각한 핵심단어를 체크해봅니다.
4)이솝우화에 등장하는 등장인물이 누구인지 묻습니다.
5)성경주제와 우화의 관계성에 대해 이야기해봅니다.
6)작성한 자신의 컬럼(글짓기)를 돌아가면서 읽어봅니다.
7)친구들이 발표하는 내용을 잘 듣도록 유도합니다.
　[친구의 글 내용을 물어볼 수도 있습니다.]
8)글의 제목을 정하고 그 이유를 이야기합니다.

[일상에 적용하기]

말씀을 통해 느낀 것

내 믿음의 비전과 연결

일상에서 실천할 일!

Write for Column

Title :

이삭 창의체험

선생님과 함께 해요!

1단계 : 주제어와 관련된 그림을 그릴 수 있다.

2단계 : 그림에 제목을 학과 관련해서 만들 수 있다.

1)종이에 주제어와 날짜를 적어봅니다.
2)움직임캐릭터를 활용하여 주제어를 꾸미도록 합니다.
3)색칠을 할 수도 있습니다.
4)작품에 대한 제목을 붙여봅니다.
5)그림을 완성한 후 작품을 돌아가며 설명해봅니다.
6)우측에 3단계 자기적용을 작성해봅니다.

Teacher Tip

-글씨(주제어) 자체를 꾸미는 작업도 재미있습니다.
-그림이 어려운 학생은 자유로이 주제에 연상되는
 그림을 그리게 합니다.

[일상에 적용하기]

말씀을 통해 느낀 것

내 믿음의 비전과 연결

일상에서 실천할 일!

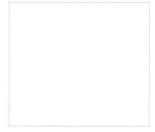

Promise 약속

10 Jacob left Beersheba and set out for Haran.

11 When he reached a certain place, he stopped for the night because the sun had set. Taking one of the stones there, he put it under his head and lay down to sleep.

12 He had a dream in which he saw a stairway resting on the earth, with its top reaching to heaven, and the angels of God were ascending and descending on it. 13 There above it stood the LORD, and he said: "I am the LORD, the God of your father Abraham and the God of Isaac. I will give you and your descendants the land on which you are lying.

14 Your descendants will be like the dust of the earth, and you will spread out to the west and to the east, to the north and to the south. All peoples on earth will be blessed through you and your offspring.

15 I am with you and will watch over you wherever you go, and I will bring you back to this land. I will not leave you until I have done what I have promised you."

16 When Jacob awoke from his sleep, he thought, "Surely the LORD is in this place, and I was not aware of it."

17 He was afraid and said, "How awesome is this place! This is none other than the house of God; this is the gate of heaven."

18 Early the next morning Jacob took the stone he had placed under his head and set it up as a pillar and poured oil on top of it.

19 He called that place Bethel, though the city used to be called Luz.

20 Then Jacob made a vow, saying, "If God will be with me and will watch over me on this journey I am taking and will give me food to eat and clothes to wear 21 so that I return safely to my fathers house, then the LORD will be my God

22 and this stone that I have set up as a pillar will be Gods house, and of all that you give me I will give you a tenth."

10 야곱이 브엘세바에서 떠나 하란으로 향하여 가더니

11 한 곳에 이르러는 해가 진지라 거기서 유숙하려고 그 곳의 한 돌을 가져다가 베개로 삼고 거기 누워 자더니

12 꿈에 본즉 사닥다리가 땅 위에 서 있는데 그 꼭대기가 하늘에 닿았고 또 본즉 하나님의 사자들이 그 위에서 오르락내리락 하고

13 또 본즉 여호와께서 그 위에 서서 이르시되 나는 여호와니 너의 조부 아브라함의 하나님이요 이삭의 하나님이라 네가 누워 있는 땅을 내가 너와 네 자손에게 주리니

14 네 자손이 땅의 티끌 같이 되어 네가 서쪽과 동쪽과 북쪽과 남쪽으로 퍼져나갈지며 땅의 모든 족속이 너와 네 자손으로 말미암아 복을 받으리라

15 내가 너와 함께 있어 네가 어디로 가든지 너를 지키며 너를 이끌어 이 땅으로 돌아오게 할지라 내가 네게 허락한 것을 다 이루기까지 너를 떠나지 아니하리라 하신지라

16 야곱이 잠이 깨어 이르되 여호와께서 과연 여기 계시거늘 내가 알지 못하였도다

17 이에 두려워하여 이르되 두렵도다 이 곳이여 이것은 다름 아닌 하나님의 집이요 이는 하늘의 문이로다 하고

18 야곱이 아침에 일찍이 일어나 베개로 삼았던 돌을 가져다가 기둥으로 세우고 그 위에 기름을 붓고

19 그 곳 이름을 벧엘이라 하였더라 이 성의 옛 이름은 루스더라

20 야곱이 서원하여 이르되 하나님이 나와 함께 계셔서 내가 가는 이 길에서 나를 지키시고 먹을 떡과 입을 옷을 주시어

21 내가 평안히 아버지 집으로 돌아가게 하시오면 여호와께서 나의 하나님이 되실 것이요

22 내가 기둥으로 세운 이 돌이 하나님의 집이 될 것이요 하나님께서 내게 주신 모든 것에서 십분의 일을 내가 반드시 하나님께 드리겠나이다 하였더라

Name   - Jacop's story

Name   - Jacop's story

말씀을 통해 느낀 것	내 믿음의 비전과 연결	일상에서 실천할 것

이솝우화 주제문장

융합코칭 #08 쥐와 개구리

땅 위에 사는 쥐가 불행이도 개구리와 친구가 되었다.

개구리는 나쁜 마음을 먹고 쥐의 발을 자기 발에다 묶었다.

처음에 둘은 이삭을 먹으려고 땅위를 돌아다녔다.

그 뒤 연못가에 이르자 개구리는 쥐를 연못바닥으로 끌고 들어가

개굴개굴 물속을 노닐었다.

가련한 쥐는 물을 먹고 퉁퉁 부어올라 죽었다.

쥐는 개구리의 발에 묶인 채 물 위를 떠다녔다.

솔개가 쥐를 보더니 발톱으로 낚아챘다.

그러자 함께 묶여 있던 개구리도 딸려 올라가 역시 솔개의 밥이 되었다.

#08. A Rat and a Frog

Rat that lived on the ground unluckily became a friend with a frog

Frog with bad heart tied the rat to this feet

In the beginning they both wondered around on the ground to eat grains.

After when they reached the pond the frog dragged the rat into the water and swam around the pond. Poor rat drowned and died.

A kite saw the drowned rat and snatched it. Which resulted frog to be snatched as well and they were both eaten by the kite.

Aesop's Fables & Jacob

선생님과 함께 해요!

융합코칭 목표
1단계 : 우화가 주는 교훈을 이야기할 수 있다.
2단계 : 우화와 천지창조의 융합문장을 만들 수 있다.

1)이솝우화를 함께 읽어봅니다.
2)어떤 교훈을 주는 내용인지 이야기합니다.
3)우화의 본질단어에 대해 이야기합니다.
4)우화교훈과 천지창조(주제어)와의 관계를 이야기합니다.
5)토론이 정리되면 일상적용을 적어봅니다.

야곱 칼럼쓰기

재미있는 글짓기-컬럼쓰기

Name의 의미 연결하기
1)
2)

이솝우화의 핵심단어 체크하기
1)
2)

선생님과 함께 해요!

소통코칭 목표

1단계 : 성경과 우화를 활용한 글쓰기를 할 수 있다.

2단계 : 글을 쓰고 난 후 제목을 붙여본다.

1)글쓰기가 익숙하지 않은 학생에게는 자극을 줘야 합니다.

2)성경구절을 다시 한번 읽어봅니다.

3)이솝우화에서 생각한 핵심단어를 체크해봅니다.

4)이솝우화에 등장하는 인물이 누구인지 묻습니다.

5)성경주제와 우화의 관계성에 대해 정리합니다.

6)작성한 자신의 컬럼(글짓기)를 돌아가면서 읽어봅니다.

7)친구들이 발표하는 내용을 잘 듣도록 유도합니다.

   [친구의 글 내용을 물어볼 수도 있습니다.]

8)글의 제목을 정하고 그 이유를 이야기합니다.

[일상에 적용하기]

말씀을 통해 느낀 것

내 믿음의 비전과 연결

일상에서 실천할 일!

Write for Column

Title :

야곱 창의체험

선생님과 함께 해요!

1단계 : 주제어와 관련된 그림을 그릴 수 있다.

2단계 : 그림에 제목을 학과 관련해서 만들 수 있다.

1)종이에 주제어와 날짜를 적어봅니다.
2)자기표현를 활용하여 주제어를 꾸미도록 합니다.
3)색칠을 할 수도 있습니다.
4)작품에 대한 제목을 붙여봅니다.
5)그림을 완성한 후 작품을 돌아가며 설명해봅니다.
6)우측에 3단계 자기적용을 작성해봅니다.

Teacher Tip

-글씨(주제어) 자체를 꾸미는 작업도 재미있습니다.
-그림이 어려운 학생은 자유로이 주제에 연상되는
 그림을 그리게 합니다.

[일상에 적용하기]

말씀을 통해 느낀 것

내 믿음의 비전과 연결

일상에서 실천할 일!

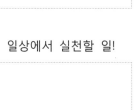

Name 이름

37장

5 Joseph had a dream, and when he told it to his brothers, they hated him all the more.

6 He said to them, "Listen to this dream I had:

7 We were binding sheaves of grain out in the field when suddenly my sheaf rose and stood upright, while your sheaves gathered around mine and bowed down to it."

8 His brothers said to him, "Do you intend to reign over us? Will you actually rule us?" And they hated him all the more because of his dream and what he had said.

9 Then he had another dream, and he told it to his brothers. "Listen," he said, "I had another dream, and this time the sun and moon and eleven stars were bowing down to me."

10 When he told his father as well as his brothers, his father rebuked him and said, "What is this dream you had? Will your mother and I and your brothers actually come and bow down to the ground before you?"

39장

21 the LORD was with him; he showed him kindness and granted him favor in the eyes of the prison warden.

22 So the warden put Joseph in charge of all those held in the prison, and he was made responsible for all that was done there.

23 The warden paid no attention to anything under Josephs care, because the LORD was with Joseph and gave him success in whatever he did.

37장

5 ○요셉이 꿈을 꾸고 자기 형들에게 말하매 그들이 그를 더욱 미워하였더라

6 요셉이 그들에게 이르되 청하건대 내가 꾼 꿈을 들으시오

7 우리가 밭에서 곡식 단을 묶더니 내 단은 일어서고 당신들의 단은 내 단을 둘러서서 절하더이다

8 그의 형들이 그에게 이르되 네가 참으로 우리의 왕이 되겠느냐 참으로 우리를 다스리게 되겠느냐 하고 그의 꿈과 그의 말로 말미암아 그를 더욱 미워하더니

9 요셉이 다시 꿈을 꾸고 그의 형들에게 말하여 이르되 내가 또 꿈을 꾼즉 해와 달과 열한별이 내게 절하더이다 하니라

10 그가 그의 꿈을 아버지와 형들에게 말하매 아버지가 그를 꾸짖고 그에게 이르되 네가 꾼 꿈이 무엇이냐 나와 네 어머니와 네 형들이 참으로 가서 땅에 엎드려 네게 절하겠느냐

11 그의 형들은 시기하되 그의 아버지는 그 말을 간직해 두었더라

39장

21 여호와께서 요셉과 함께 하시고 그에게 인자를 더하사 간수장에게 은혜를 받게 하시매

22 간수장이 옥중 죄수를 다 요셉의 손에 맡기므로 그 제반 사무를 요셉이 처리하고

23 간수장은 그의 손에 맡긴 것을 무엇이든지 살펴보지 아니하였으니 이는 여호와께서 요셉과 함께 하심이라 여호와께서 그를 범사에 형통하게 하셨더라.

41장 / 9 Then the chief cupbearer said to Pharaoh, "Today I am reminded of my shortcomings. 10 Pharaoh was once angry with his servants, and he imprisoned me and the chief baker in the house of the captain of the guard.

11 Each of us had a dream the same night, and each dream had a meaning of its own. 12 Now a young Hebrew was there with us, a servant of the captain of the guard. We told him our dreams, and he interpreted them for us, giving each man the interpretation of his dream. 13 And things turned out exactly as he interpreted them to us: I was restored to my position, and the other man was hanged."

40 You shall be in charge of my palace, and all my people are to submit to your orders. Only with respect to the throne will I be greater than you."

41 So Pharaoh said to Joseph, "I hereby put you in charge of the whole land of Egypt." 42 Then Pharaoh took his signet ring from his finger and put it on Josephs finger. He dressed him in robes of fine linen and put a gold chain around his neck. 43 He had him ride in a chariot as his second-in-command, and men shouted before him, "Make way!" Thus he put him in charge of the whole land of Egypt. 44 Then Pharaoh said to Joseph, "I am Pharaoh, but without your word no one will lift hand or foot in all Egypt."

41장 / 9 술 맡은 관원장이 바로에게 말하여 이르되 내가 오늘 내 죄를 기억하나이다. 10 바로께서 종들에게 노하사 나와 떡 굽는 관원장을 친위대장의 집에 가두셨을 때에 11 나와 그가 하룻밤에 꿈을 꾼즉 각기 뜻이 있는 꿈이라.

12 그 곳에 친위대장의 종 된 히브리 청년이 우리와 함께 있기로 우리가 그에게 말하매 그가 우리의 꿈을 풀되 그 꿈대로 각 사람에게 해석하더니

13 그 해석한 대로 되어 나는 복직되고 그는 매달렸나이다

40 너는 내 집을 다스리라 내 백성이 다 네 명령에 복종하리니 내가 너보다 높은 것은 내 왕좌뿐이니라 41 바로가 또 요셉에게 이르되 내가 너를 애굽 온 땅의 총리가 되게 하노라 하고 42 자기의 인장 반지를 빼어 요셉의 손에 끼우고 그에게 세마포 옷을 입히고 금 사슬을 목에 걸고 43 자기에게 있는 버금 수레에 그를 태우매 무리가 그의 앞에서 소리 지르기를 엎드리라 하더라 바로가 그에게 애굽 전국을 총리로 다스리게 하였더라 44 바로가 요셉에게 이르되 나는 바로라 애굽 온 땅에서 네 허락이 없이는 수족을 놀릴 자가 없으리라 하고

45 Pharaoh gave Joseph the name Zaphenath-Paneah and gave him Asenath daughter of Potiphera, priest of On, to be his wife. And Joseph went throughout the land of Egypt. 46 Joseph was thirty years old when he entered the service of Pharaoh king of Egypt. And Joseph went out from Pharaohs presence and traveled throughout Egypt. 42장 / 6 Now Joseph was the governor of the land, the one who sold grain to all its people. So when Josephs brothers arrived, they bowed down to him with their faces to the ground.

46장 / 27 With the two sons who had been born to Joseph in Egypt, the members of Jacobs family, which went to Egypt, were seventy in all.

49장 / 8 "Judah, your brothers will praise you; your hand will be on the neck of your enemies; your fathers sons will bow down to you. 9 You are a lions cub, O Judah; you return from the prey, my son. Like a lion he crouches and lies down, like a lioness -- who dares to rouse him? 10 The scepter will not depart from Judah, nor the rulers staff from between his feet, until he comes to whom it belongs and the obedience of the nations is his. 11 He will tether his donkey to a vine, his colt to the choicest branch; he will wash his garments in wine, his robes in the blood of grapes. 12 His eyes will be darker than wine, his teeth whiter than milk.

45 그가 요셉의 이름을 사브낫바네아라 하고 또 온의 제사장 보디베라의 딸 아스낫을 그에게 주어 아내로 삼게 하니라 요셉이 나가 애굽 온 땅을 순찰하니라 46 ○요셉이 애굽 왕 바로 앞에 설 때에 삼십 세라 그가 바로 앞을 떠나 애굽 온 땅을 순찰하니. 42장 / 6 때에 요셉이 나라의 총리로서 그 땅 모든 백성에게 곡식을 팔더니 요셉의 형들이 와서 그 앞에서 땅에 엎드려 절하매 46장 / 27 애굽에서 요셉이 낳은 아들은 두 명이니 야곱의 집 사람으로 애굽에 이른 자가 모두 칠십 명이었더라

49장 / 8 유다야 너는 네 형제의 찬송이 될지라 네 손이 네 원수의 목을 잡을 것이요 네 아버지의 아들들이 네 앞에 절하리로다 9 유다는 사자 새끼로다 내 아들아 너는 움킨 것을 찢고 올라갔도다 그가 엎드리고 웅크림이 수사자 같고 암사자 같으니 누가 그를 범할 수 있으랴 10 규가 유다를 떠나지 아니하며 통치자의 지팡이가 그 발 사이에서 떠나지 아니하기를 실로가 오시기까지 이르리니 그에게 모든 백성이 복종하리로다 11 그의 나귀를 포도나무에 매며 그의 암나귀 새끼를 아름다운 포도나무에 맬 것이며 또 그 옷을 포도주에 빨며 그의 복장을 포도즙에 빨리로다 12 그의 눈은 포도주로 인하여 붉겠고 그의 이는 우유로 말미암아 희리로다

Dream - Joseph's story

Dream - Joseph's story

말씀을 통해 느낀 것	내 믿음의 비전과 연결	일상에서 실천할 것

이솝우화 & 요셉

[이솝우화 주제문장]

융합코칭 #09 당나귀와 강아지 또는 개와 주인

어떤 사람이 말타견과 당나귀를 길렀는데,

그는 언제나 개하고만 놀았다.

그리고 외식을 하면 맛있는 것을 남겨와서 꼬리를 흔들며 다가오는

개에게 던져주곤 했다.

당나귀는 샘이 나서 주인에게 달려가 껑충껑충 뛰다가 그만 발로 주인을 찼다.

그러자 주인이 화가나서 당나귀를 매질하며 끌고 가

구유에 묶어두게 했다.

#09 The donkey and The dog, and The dog and The master

Some person had a dog and a donkey.

but he always played with the dog and gave good food to the dog

who always welcomed him home with a wagging tail.

The donkey got jealous and he started jumping around and accidently kicked the master.

The master got bad so he beat the donkey and tied the donkey on the manger.

Aesop's Fables & Joseph

우화가 주는 교훈	내 생각 비틀기	일상과 연결할 내용

요셉 칼럼쓰기

[재미있는 글짓기-컬럼쓰기]

Dream의 핵심단어와 연결하기
1)
2)

이솝우화의 핵심단어 체크하기
1)
2)

선생님과 함께 해요!

소통코칭 목표

1단계 : 성경과 우화를 활용한 글쓰기를 할 수 있다.

2단계 : 글을 쓰고 난 후 제목을 붙여본다.

1)글쓰기가 익숙하지 않은 학생에게는 자극을 줘야 합니다.

2)성경구절을 다시한번 읽어봅니다.

3)이솝우화에서 생각한 핵심단어를 체크해봅니다.

4)이솝우화에 등장하는 인물이 누구인지 묻습니다.

5)성경주제와 우화의 관계성에 대해 정리합니다.

6)작성한 자신의 컬럼(글짓기)를 돌아가면서 읽어봅니다.

7)친구들이 발표하는 내용을 잘 듣도록 유도합니다.

　[친구의 글 내용을 물어볼 수도 있습니다.]

8)글의 제목을 정하고 그 이유를 이야기합니다.

[일상에 적용하기]

말씀을 통해 느낀 것

내 믿음의 비전과 연결

일상에서 실천할 일!

Write for Column

Title :

요셉 창의체험

선생님과 함께 해요!

1단계 : 주제어와 관련된 그림을 그릴 수 있다.

2단계 : 그림에 제목을 학과 관련해서 만들 수 있다.

1)종이에 주제어와 날짜를 적어봅니다.
2)필름 융합곡선을 활용하여 주제어를 꾸미도록 합니다.
3)색칠을 할 수도 있습니다.
4)작품에 대한 제목을 붙여봅니다.
5)그림을 완성한 후 작품을 돌아가며 설명해봅니다.
6)우측에 3단계 자기적용을 작성해봅니다.

Teacher Tip

-글씨(주제어) 자체를 꾸미는 작업도 재미있습니다.
-그림이 어려운 학생은 자유로이 주제에 연상되는
 그림을 그리게 합니다.

[일상에 적용하기]

말씀을 통해 느낀 것

내 믿음의 비전과 연결

일상에서 실천할 일!

Dream 꿈

Story Organize

Good New

Gospel

Jesus's Story

[적용하기]

말씀을 통해 느낀 것	내 믿음의 비전과 연결	일상에서 실천할 것

Good New **Jesus's Story**

Jesus Christi in Genesis

· The Creation Story / ○Genesis 1:1-3
○Jesus Christ is the Word speaking everything in creation.

· Adam and Eve's Story / ○Genesis 3:15
○Jesus Christ is the Offspring/Seed of the woman that will crush the Serpent's head.

· Cain and Abel's Story / ○Genesis 4:6-7
○Jesus Christ is the Pleasing Offering murdered by our sin.

· Noah's Story / ○Genesis 7:23
○Jesus Christ is the Ark by which our salvation is given and life is preserved.

· The Tower of Babel / ○Genesis 11:4
○Jesus Christ is the True Tower to the heavens that the people of Babel were trying to replace.

· Abraham's Story / ○Genesis12:2-3;22:18
○Jesus Christ is the Offspring/Seed of Abraham that will bless all the nations of the earth

· Isaac's Story / ○Genesis 22:6-11
○Jesus Christ is the able but obedient Son who obeyed until His own death.

· Jacob's Story / ○Genesis 28:!2
○Jesus Christ is the Stairway/Ladder that reconnects heaven with the earth--God with us.

· Joseph's Story / ○Genesis 45:7
○Jesus Christ is the Great Deliverance sent to preserve us a remnant on earth and to save our lives eternally.

[이솝우화 주제문장]

융합코칭 #10 벼룩과 황소

하루는 벼룩이 황소에게 물었다.

"너는 이렇게 크고 용감한데 어째서 날마다 사람들 종노릇이나 하는 거야?

나는 사람 살을 무참하게 찢어놓고 사람 피를 볼이 미어져라 마시는데 말이야."

황소가 대답했다.

"나는 인간 종족에게 감사하고 있어.

그들은 나를 아껴주고 가끔은 내 이마와 어깨를 애무해주기도 하거든."

벼룩이 대답했다.

"그러나 네가 좋아하는 그 애무라는 것이 나에게는 가장 비참한 운명이지.

내가 어쩌다 사람들에게 잡히는 날엔 말이야."

#10 A Flea and a bull

One day flea asked the bull

"You are this big and brave, but why do you always serve people?

I just stuck on to people and drain their blood and tear their skins"

Bull answered

"I appreciate people, they treasure me and sometimes massage me on my forehead and my shoulders"

Flea answered

"The massaged that you like is a unfortunate destiny for me. That might be the day that I get caught"

Aesop's Fables & Gospel

복음 칼럼쓰기

[재미있는 글짓기-컬럼쓰기]

Seed & Gospel의 의미단어 연결하기
1)
2)

이솝우화의 핵심단어 체크하기
1)
2)

선생님과 함께 해요!

소통코칭 목표
  1단계 : 성경과 우화를 활용한 글쓰기를 할 수 있다.
  2단계 : 글을 쓰고 난 후 제목을 붙여본다.

1)글쓰기가 익숙하지 않은 학생에게는 자극을 줘야 합니다.
2)성경구절을 다시한번 읽어봅니다.
3)이솝우화에서 생각한 핵심단어를 체크해봅니다.
4)이솝우화에 등장하는 인물이 누구인지 묻습니다.
5)성경주제와 우화의 관계성에 대해 정리합니다.
6)작성한 자신의 컬럼(글짓기)를 돌아가면서 읽어봅니다.
7)친구들이 발표하는 내용을 잘 듣도록 유도합니다.
  [친구의 글 내용을 물어볼 수도 있습니다.]
8)글의 제목을 정하고 그 이유를 이야기합니다.

[일상에 적용하기]

말씀을 통해 느낀 것

내 믿음의 비전과 연결

일상에서 실천할 일!

Write for Column

Title :

Gospel 창의체험

[선생님과 함께 해요!]

1단계 : 주제어와 관련된 그림을 그릴 수 있다.
2단계 : 그림에 제목을 학과 관련해서 만들 수 있다.

1)종이에 주제어와 날짜를 적어봅니다.
2)반복되는 패턴을 활용하여 주제어를 꾸미도록 합니다.
3)색칠을 할 수도 있습니다.
4)작품에 대한 제목을 붙여봅니다.
5)그림을 완성한 후 작품을 돌아가며 설명해봅니다.
6)우측에 3단계 자기적용을 작성해봅니다.

Teacher Tip
-글씨(주제어) 자체를 꾸미는 작업도 재미있습니다.
-그림이 어려운 학생은 자유로이 주제에 연상되는
 그림을 그리게 합니다.

[일상에 적용하기]

말씀을 통해 느낀 것

내 믿음의 비전과 연결

일상에서 실천할 일!

Genesis 37:1-50:26

Seed & Gospel

크레아티오 창의인문학교 코칭교재

미래인재를 키우는 창의성경교육

창의성, 창세기에게 묻다!

초판 1쇄 인쇄일   2015년 5월 6일

초판 1쇄 발행일   2015년 5월 10일

국제표준도서번호 978-89-966139-4-7

저자 및 발행인   장태규

엮은 곳   (사)청소년아이프랜드

펴낸 곳   도서출판 아이펀

찍은 곳   더드림미디어

www.ifunstuio.org / www.creatio.kr

구매문의

Tel : 02-715-6755 / Fax : 02-715-6756

* 교육특강문의 : ifun7942@naver.com